Conrad K. Butler

Máquinas de construcción

PARA NIÑOS

/conradpublishing

Dumper articulado

se trata de un volquete muy grande
y pesado que se utiliza para transportar
cargas en terrenos difíciles
y ocasionalmente en la vía pública.

Asfaltadora

es una máquina para esparcir, dar forma
y compactar parcialmente
una capa de asfalto en una carretera,
estacionamiento u otras áreas.

Retroexcavadora

combina dos funciones populares de equipos pesados: excavar y mover. Hay un cucharón cargador en un lado para empujar, levantar y mover materiales, y en el otro lado hay una excavadora para excavar fácilmente.

Elevación de pluma

un tipo de cesta elevadora que permite llegar tanto en horizontal como en vertical. Los brazos articulados hacen que sea más fácil que nunca llegar a espacios reducidos y alcanzar alturas.

Buldócer

se trata de una gran máquina motorizada equipada con una cuchilla metálica en la parte delantera para empujar materiales como arena, nieve, escombros o piedras durante los trabajos de construcción.

Grúa móvil telescópica

están diseñados para levantar material que necesita una grúa compacta y de bajo perfil. Debido a que las grúas de plataforma Carry son pequeñas, son ideales cuando se trata de operar en espacios reducidos o alrededor de obstáculos elevados.

Cepilladora en frío

es una máquina de construcción que se utiliza para eliminar el hormigón bituminoso o asfáltico de las carreteras, dando como resultado una superficie ligeramente rugosa y uniforme sobre la que se puede colocar una nueva capa de asfalto.

Minicargadora

se trata esencialmente de minicargadoras con orugas de goma de alta flotación, lo que permite que estas máquinas de movimiento de tierras trabajen en condiciones de suelo deficientes y en superficies delicadas.

Rodillo compactador

es un vehículo utilizado para compactar tierra, grava, hormigón o asfalto en la construcción de carreteras y cimientos. Rodillos similares también se utilizan en vertederos o en la agricultura.

Excavadora

una máquina de movimiento de tierras para separar los escombros del suelo y transferirlos mediante transporte o a un vertedero. La topadora también puede funcionar como dispositivo de recarga.

Talador apilador

un tipo de cosechadora utilizada en la tala. Es un vehículo motorizado con un accesorio que puede recoger y talar rápidamente un árbol antes de talarlo.

Carretilla elevadora

es un pequeño vehículo industrial, que tiene una plataforma bifurcada eléctricamente adjunta en la parte delantera que se puede subir y bajar para insertarla debajo de una carga para levantarla o moverla.

Autocargador

un tractor para arrastrar madera corta (troncos y rodillos) utilizado en la silvicultura. Es una máquina autocargable. La madera se carga en la máquina con la ayuda de una grúa y no entra en contacto con el suelo durante el arrastre.

Cosechadora forestal

es una máquina multioperativa. Actualmente es una de las procesadoras de madera tecnológicamente más avanzadas.

Cargador Estacionario

como tipo de equipo giratorio, los cargadores con pluma articulada tienen una pluma estratégicamente diseñada para aplicaciones de manipulación de troncos.

Motoniveladora

máquina de movimiento de tierras, utilizada principalmente para perfilar el terreno bajo la superficie de carreteras, aeropuertos, zanjas y bordes de carreteras, y nivelar terraplenes. También se utilizan para mezclar materiales de carreteras y eliminar superficies viejas.

Elevadora tipo tijera

una plataforma de trabajo que sólo puede moverse en el plano vertical sobre el cual se puede elevar personal, equipos y materiales para realizar el trabajo.

Cargadora compacta

es una máquina pequeña, rígida, impulsada por un motor con brazos de elevación que se puede conectar a una amplia variedad de cucharones y otras herramientas o accesorios de trabajo de bajo mantenimiento.

Skidder

es una pieza de maquinaria pesada que retira árboles talados de un bosque. Casi todas las versiones actuales del skidder tienen neumáticos u orugas de alta resistencia y pueden mover una mayor cantidad de árboles.

Manipulador telescópico

son máquinas versátiles que levantan, mueven y colocan material. En estos sitios de trabajo, los caballos de batalla son a menudo las primeras máquinas en el trabajo y las últimas en irse porque pueden usarse para muchas aplicaciones diferentes.

Zanjadora

son como una topadora en el sentido de que cumplen el mismo propósito de romper tierra y rocas y sacarlas del suelo. Sin embargo, a diferencia de las topadoras, las zanjadoras pueden remover la tierra con un movimiento continuo.

Mototraílla

es un tipo de equipo pesado para movimiento de tierras. Dispone de bandeja/tolva para carga y transporte de material. Se utiliza con mayor frecuencia durante los movimientos de tierras en las inversiones en carreteras.

comprobar también:

y mucho más!